OLEGÁRIO MARIANO

SÉRIE ESSENCIAL

ACADEMIA BRASILEIRA DE LETRAS

Diretoria de 2012
Presidente: *Ana Maria Machado*
Secretário-Geral: *Geraldo Holanda Cavalcanti*
Primeiro-Secretário: *Domício Proença Filho*
Segundo-Secretário: *Marco Lucchesi*
Tesoureiro: *Evanildo Cavalcante Bechara*

COMISSÃO DE PUBLICAÇÕES

Alfredo Bosi
Antonio Carlos Secchin
Ivan Junqueira

Série Essencial | Concepção e coordenação
Antonio Carlos Secchin

Produção editorial
Monique Mendes
Revisão
Gilberto Araújo
Projeto gráfico
Estúdio Castellani (capa e miolo) | *Imprensa Oficial do Estado de São Paulo (capa)*
Caricaturas
J. Bosco

Catalogação na fonte:
Biblioteca da Academia Brasileira de Letras

M357   Marques, Pedro, 1977-.
          Olegário Mariano: cadeira 21, ocupante 3 / Pedro Marques. - Rio de
        Janeiro : Academia Brasileira de Letras ; São Paulo : Imprensa Oficial do
        Estado de São Paulo, 2012.
          68 p. ; 19 cm. – (Essencial ; 59)

          ISBN 978-85-401-0079-4

          1. Mariano, Olegário, 1889-1958. I. Título. II. Série.

CDD B869.92

Esta edição adota o novo *Acordo Ortográfico da Língua Portuguesa.*

Série Essencial

Olegário Mariano

Cadeira 21 / Ocupante 3

Pedro Marques

Academia Brasileira
de Letras

imprensaoficial
GOVERNO DO ESTADO DE SÃO PAULO

Olegário Mariano

Pedro Marques

Nasce o Poeta

O perfil biográfico de Olegário Mariano Carneiro da Cunha (Recife, 1889 – Rio de Janeiro, 1958) dialoga com as características do típico escritor brasileiro da época. Que se acrescentem passagens individuais e inusitadas, sintetizar a formação do bardo é, de certa maneira, reeditar lances narrativos já consabidos do público. Olegário Mariano descende de elites agrárias da Região Nordeste, criado num contexto pós-escravocrata responsável por ruir os valores sociais, econômicos e culturais estabelecidos há séculos pelos engenhos de cana-de-açúcar. Nesse cenário, desenrolou a infância com um pé no conhecimento popular e outro na educação europeia, ou seja, sua sensibilidade entrecruzou substratos da senzala ao da casa-grande, para empregar uma imagem de Gilberto Freyre, leitor contumaz do poeta.

Olegário Mariano é o segundo filho de José Mariano Carneiro da Cunha, homem nutrido por uma tradição latifundiária que, ele próprio, acabou por confrontar em seus dois pilares fundamentais: a escravidão e a monarquia. Foi figura importante na Abolição, principalmente no estado de Pernambuco. Formado na Faculdade de Direito do Recife, na turma de Joaquim Nabuco, José Mariano passou à posteridade como o político das causas abolicionista e republicana. Era bravo orador na tribuna e combatente destemido nas páginas dos jornais. Visitou o inferno e o paraíso da vida pública brasileira, da presença na Constituinte de 1890 às humilhações na fortaleza do Brum.

A mãe, Dona Olegária da Costa Gama, é geralmente pintada, sobretudo pela poeta, como a candura do lar, a "protetora dos pobres" pela ternura com que auxiliava o marido no suporte a escravos fugidos ou alforriados. Fruto de uma elite decadente, as notícias biográficas sobre o poeta apontam, portanto, para uma filiação romantizada, recorrente na biografia de tantos homens de letras do período, estereótipo que Carlos Drummond de Andrade bem fixou nos versos de "Infância". Na esfera pública, o pai, herói viril, insubmisso e desbravador; na esfera privada, a mãe, esteio afetivo e religioso.

OLEGÁRIO MARIANO

Afluem para a formação literária de Olegário Mariano dois rios. Ao primeiro chamo de *conhecimento informal*, oriundo, por um lado, da vivência, da poesia e dos festejos recifenses que ecoam em suas imagens, vocabulários e sintaxe. O poeta como que detinha um celeiro dessas provisões populares, utilizando-o sempre com parcimônia, a não ser quando fez oposição ao nacionalismo modernista com seu localismo tradicional de *Canto da minha Terra* (1927). Depois da ascensão da oligarquia Rosa e Silva ao poder de Pernambuco e a morte da esposa, abalado política e pessoalmente, José Mariano é nomeado, em 1899, Oficial do Registro de Título por Rodrigues Alves, em retribuição a sua dedicação à causa pública. Com o estabelecimento da família no Rio de Janeiro, o jovem Olegário entra em contato com políticos, escritores e intelectuais de projeção nacional.

O cartório do velho José Mariano, que funcionava na Rua do Rosário, logo se converte em ponto de encontro de gente influente. Assim, além de auxiliar o pai nos trabalhos, o rapazote aprende de ouvido os enredos da vida pública e cultural do país. Sem nunca ter se diplomado em faculdade, foi bebendo as aulas livres de gente como Pedro Moacir, Comandante Luís Gomes, Rafael Cabeda, Antônio Gitirama, Gaspar Drummond, Barão do Rio Branco, Machado de Assis, Olavo Bilac, Emílio de Meneses e José do Patrocínio. A iniciação à boêmia literária completar-se-ia em pouco tempo, quando, aos 17 anos, publica *Visões de Moço* (1906), o qual, embora prefaciado por Guimarães Passos, seria renegado pelo autor.

O segundo rio diz respeito à *educação formal*. O Brasil ainda não possuía sistema educacional abrangente. Famílias abastadas resolviam a instrução de seus rebentos em casa, confiando-os a mestres de conhecido saber, matriculando-os nos poucos estabelecimentos privados e dispendiosos ou, ainda, remetendo-os ao exterior, sobretudo quando em idade universitária. Olegário Mariano iniciou o estudo formal no Colégio Pestalozzi, de Recife, depois entrou para o Internato Pio-Americano, já na então Capital Federal. Alberto de Oliveira era o professor de Literatura que, em 1904, promove com seus alunos a sociedade literária *A Arcádia*, divulgada através da revista *O Árcade*, numa clara referência a um dos momentos de maior invenção de nossa poesia colonial.

Na lousa de um dos capitães parnasianos, Olegário Mariano toma lições de poesia geral, incluindo as convenções arcádicas que Alberto de Oliveira emulou nos versos de "Taça de Coral" e "Lendo os Antigos". Neste mesmo ano, com a publicação de *Sol de Verão*, em poemas como "Canto do Semeador", "Velhas Mangueiras" e "A Cigarra da Chácara", Oliveira ainda sopraria aquele que seria o tema favorito de seu ilustre discípulo: as cigarras. Mariano homenagearia o mestre, seu "guia-de-cego no início da jornada", com dois sonetos fundidos, aos quais intitulou "Alberto de Oliveira", impressos em *Da Cadeira n.º 21* (1938) e, posteriormente, em *Cantiga de Encurtar Caminho* (1949).

Olegário atendeu cedo ao chamado da poesia sem nunca percorrer o caminho da ruptura ou da inovação, como certos grupos com que conviveu, dos decadentistas aos concretos, passando pelos modernistas. Suas posições ideológicas ou estéticas tendiam, em regra, para o convencional. Filho do fervoroso José Mariano, que lhe abriu contatos decisivos desde o berço, como poeta, boêmio, cronista de sociedade, letrista, político, diplomata ou embaixador do Brasil em Portugal (1953- -1954), Mariano nunca incorporou o espírito revolucionário. Jamais acobertou o tradicionalismo sensível em todas as suas atividades. A avaliação que lançava sobre o Modernismo, por exemplo, pode ser resumida numa frase: "fazem poesia moderna porque não sabem e não podem fazer a antiga" (Joel Silveira. "Minha Lira só Tem uma Corda – Ideias e Confissões de Olegário Mariano", 29-4-1943).

Ainda nessa entrevista a Joel Silveira, concedida em plena Segunda Guerra Mundial, exaltaria a atuação soviética, colocando-se contra o Eixo, destoando pelo menos num ponto do amigo Getúlio Vargas:

queremos muito bem àquela velha democracia. É móvel antigo de nossa casa, que a gente não vende nem empresta. Como certas "cômodas" de certos solares. [...] Não sei como será a nova democracia de depois da guerra. Só sei que experimentei a velha e gostei. Contento-me com ela.

Olegário Mariano escrevia para o público médio em vigor, não alimentava intenção de provocar a audiência, era poeta da ordem, por assim dizer. Como personalidade pública, fosse o assunto arte ou política, sempre preferia o antigo, isto é, o gosto já assentado na sociedade.

Em 1911, Olegário Mariano casa-se com Maria Clara Saboia de Albuquerque, com quem teve uma única filha falecida ainda criança. Dentre diversos cargos públicos e o trabalho cartorial – em 1930, recebeu de Getúlio Vargas o seu cartório – Olegário representou o Brasil, em 1918, como secretário de embaixada à Bolívia, na Missão Melo Franco. Em 1926, vence o pleito para terceiro ocupante da Cadeira 21 da Academia Brasileira de Letras. Eleito deputado em 1933, representa o Distrito Federal na Assembleia Constituinte de 1934. Em 1938, em concurso promovido pela revista *Fon-Fon!*, é escolhido, por intelectuais de todo o Brasil, o terceiro *Príncipe dos Poetas Brasileiros*. Ele substitui, assim, a Alberto de Oliveira, eleito em 1924 que, por seu turno, sucedera Olavo Bilac, agraciado com o título em 1907.

Multiface

Olegário Mariano fixou-se no sistema literário brasileiro na década de 1910. Enquanto a maioria dos escritores de sua geração – Manuel Bandeira, Guilherme de Almeida, Menotti Del Picchia, Mario de Andrade ou Oswald de Andrade – gozariam de maior fama apenas nas décadas seguintes, ele já era poeta frequentado pela crítica, editado e reeditado, fotografado pela imprensa, amado pelo público, emulado pelos iniciantes. É nesse instante que o exímio declamador estabelece as bases de seu edifício poético. Nos anos seguintes, ainda que venha a absorver um novo tema aqui ou outra técnica acolá, não alterará as fundações de sua produção. Não por outro motivo, tinha uma frase para afirmar a imutabilidade de sua lavra: "minha poesia é monocórdia".

Os vinte primeiros anos do século XX são, no Brasil, desafiadores para o crítico ou historiador, porquanto um período sem alguns eventos caros aos tradicionais modelos crítico-historiográficos. Por exemplo, não se nota com clareza uma escola que surge de um único antecedente (ovo), processa suas características (larva), experimenta suas escolhas (crisálida) até tornar-se hegemônica (borboleta) e ser substituída por outra. Tampouco há o embate entre dois partidos literários, um de oposição contra outro de ocasião. É, pois, um entretempo não facilmente enfeixado nem pela narrativa genética, nem pelo modo épico de contar. Por isso o termo "pré-modernista" ser, em certo sentido, inadequado, posto que entende toda a variabilidade dessa produção apenas como anunciação, fermento ou larva do modernismo espocado a partir de1922.

Trata-se, no fundo, de um momento de rara interpenetração das tendências praticadas em nossa literatura até então, espécie de coro atonal em que se ouvem linhas bucólicas, nacionalistas, byronianas, condoreiras, sertanejas, naturalistas, decadistas, científicas, filosóficas e satíricas. Olegário Mariano, cuja obra representa bem essa multiface, conseguiu uma liga bastante particular para os elementos de todas essas tendências. Assim, do mesmo modo que não se consegue definir o que de fato predomina no período, não houve quem pudesse circunscrever Olegário numa única vertente. Há poemas sertanejos, por exemplo, mas a extensa obra do poeta brota de um terreno de sedimentação parnasiana, sob a ação de agentes simbolistas e francamente românticos. Eis o único cerco possível.

Língua Corrente

Apenas a combinação de diversas variáveis conduz um escritor ao sucesso de público. O caso de Olegário Mariano costumava ser aludido por seus contemporâneos. Lima Barreto, na sua ironia acre, assinala o talento para cantar as "cigarras com melhor voz, menos estridente e mais suavemente amorosa do que aquela com que esses insetos o fazem quando inspirados pelos crepúsculos aloirados do estio". Além de considerar a beleza física do poeta, menciona o êxito de seus recitais entre as moças que não cessariam, "do Amazonas ao Prata", de presenteá-lo com cigarras secas ("O Destino da Literatura". *In*: *Impressões de Leitura*, 1961, p. 51). Agrippino Grieco fala da simpatia da "clientela feminina", mas atribui o sucesso à tentativa de "restabelecer entre nós os direitos ao romantismo" ("Olegário Mariano". *In*: *Evolução da Poesia Brasileira*, 1947, p. 151). Alceu Amoroso Lima, seguindo pela mesma trilha apreciativa, elogia "o dom de não romper as amarras com o público" (*Quadro Sintético da Literatura Brasileira*, 1969, p. 66).

Para Carlos Drummond de Andrade ("Água Corrente", 02-12-1958), antes do Modernismo, Olegário teria entoado uma voz diferente no "vácuo literário, com o Parnasianismo já pobre de cor e som, e o Modernismo por nascer". Encarnaria "o poeta como tipo físico, ao mesmo tempo cantor e símbolo de canto. [...] Ao lado da sugestão romântica do tipo, contribui para isso um vocabulário extremamente acessível, elaborado com o despojamento das névoas simbolistas". Nas relações sociais e no *tête-à-tête* com leitores e ouvintes, Mariano figuraria como exemplo do artista elegante, vestuário aprumado, cartaz nas revistas de costumes, galante, um verdadeiro "enamorado da vida".

Os artífices da poesia perderam há muito tempo o *status* de celebridade junto ao público, que hoje prefere o sorriso da TV, a lágrima do cinema, o corpo de modelo, o atleta-propaganda e o intérprete da MPB. Mesmo o poeta com alguma inserção na mídia vem aparecendo como bom-velhinho, sisudo, raramente jovem. Observe-se o encanto de Drummond pela imagem de Olegário Mariano:

> da minha província, um menino o contemplava, maravilhado. Uma página de revista com o seu retrato sugeria que o poeta devia ser assim como ele era, composto de mocidade, graça e melancolia, a distinguir-se espontaneamente dos outros homens.

É o artista legendário, homem de exceção à moda romântica, como na célebre descrição de Chateaubriand em *O Gênio do Cristianismo* (1802): juventude, graciosidade e altivez temperadas com alguma coisa de sofrimento, eis a fotografia do poeta.

Esboçada em *Visões de Moço* (1906), apenas nos anos de 1910 o poeta fixaria de vez uma expressão corredia aos ouvidos. Para Manuel Bandeira, a partir de *Últimas Cigarras* (1915), o escritor apaga de vez os "vícios" parnasianos e simbolistas, retomando com força a língua da estreia.

Olegário atingiria enfim a simplicidade que o tornou um poeta tão caro à nossa gente. Nunca me esquecerei de uma tarde em que, numa tranquila varanda de Petrópolis, uma boa velhinha me contou que lera num jornal uns versos tão bonitos, tão simples, que só de os ler uma vez os decorara. [...] Fiquei enternecidíssimo quando ela começou: "As formigas levavam-na... Chovia..." Desde esse dia passei a querer grande bem à poesia de Olegário. Compreendi instantaneamente que ela haveria de ficar ("Poesia de Olegário Mariano", 1978, pp. 203-4).

A produção olegariana lança mão dos recursos da arte poética visando à comunicabilidade. Poesia que pelas próprias escolhas linguísticas era identificada como produto nacional, reconhecida pelo público geral, da "velhinha" ao influente cantor de Pasárgada. A "expressão imediatamente assimilável pelo público mais largo" conecta-se, para Luiz Dantas, ao centro de uma ampla discussão, na qual atuava Bandeira, sobre que língua deveria ser empregada na poesia brasileira.

A poesia de Olegário Mariano permanecerá em virtude de sua identificação com uma sensibilidade há muito enraizada, e por uma língua, sobretudo, que a leitora da varanda reconhece como autêntica, porventura essa mesma que Manuel Bandeira chamou de *língua certa do povo* na "Evocação do Recife" ("Pequeninos Nadas, Graças Aéreas e certas Coisas", 1987, p. 49).

Esse grau de comunicação, que conta com uma sensível musicalidade, aproximou Olegário dos compositores de música. Joubert de Carvalho colocou melodia em poemas como "Tutu Marambá" e "Cai, Cai, Balão", de *Canto da minha Terra* (1927), sem contar parcerias como "De Papo pro Á" e "Maringá". Mariano estava à vontade para flertar com a canção de câmara ou popular, assinando, por exemplo, os versos de "Dolorosa", para Mário Penaforte; "Caboclinho", para Jaime Ovalle; "Rabicho", para Marcelo Tupinambá. Embalado pelo trabalho com Joubert, o final dos anos de 1920 marca de vez sua inscrição como letrista da música popular brasileira. Dali para os textos do teatro de revista foi meio pulo. Era o imortal explorando um território, até então, pouco frequentado pelos de sua estirpe. Em 1929, o Teatro Recreio serviu de palco para os sucessos "Laranja da China", "Vamos Deixar de Intimidações..." e "Brasil Maior", a última com músicas do próprio Joubert e de Ary Barroso. Viriam outras associações importantes, como com o Maestro Hekel Tavares, que compôs, dentre outras, as canções regionais "Benedito Pretinho", "Meu Barco é Veleiro" e "Dança de Caboclo".

O Canto da Cigarra

Últimas Cigarras deu a Olegário Mariano a fama definitiva e o epíteto de "poeta das cigarras". De todas as suas coletâneas, não houve mais editada. Foram seis edições: 1915, primeira; 1916, segunda; 1920, terceira; 1924, quarta (única a receber a rubrica *aumentada*); 1931, quinta; 1950, sexta e definitiva. Quase quatro décadas de atividade sobre o texto, mesmo com a boa acolhida crítica desde a estreia. Como sugere o título e alguns poemas ("Último Canto"; "A Cigarra Morta"; "A Voz que Calou"; "A Última Cigarra"), o volume surge como despedida do poeta amador, espécie de elegia aos iludidos da arte. É como uma transposição para o plano literário do inquérito que João do Rio organizou, entre homens de letras do período, anos antes de Olegário Mariano celebrizar-se. Refiro-me ao questionamento sobre o jornalismo ser ou não um fator positivo para a arte literária. Realizadas entre 1904 e 1905 e publicadas em 1907 (*Momento Literário*, 1994), as reflexões registram a encruzilhada por que passava o escritor brasileiro.

Para Cristiane Costa, duas lógicas divergiam no debate fomentado por João do Rio: "a do artista desinteressado pelo aspecto econômico, que buscava apenas lucros simbólicos por sua obra, como a glória, e a do artista que deseja viver de seu talento, e que, portanto, precisa ter lucros reais com seu trabalho" ("O Momento Literário 1900". *In: Pena de Aluguel: Escritores Jornalistas no Brasil 1904-2004*, 2005, p. 26). Olegário carregava essa tensão entre a cigarra-artista e a formiga-trabalhadora. Desenrolava uma carreira profissional *à la* formiga, mas na figuração poética ressentia-se do poeta inspirado, agraciado pelo dom.

> A dicotomia arte e dinheiro faria o campo literário (da arte pela arte) se constituir, no Brasil, em oposição ao jornalismo (da pena de aluguel), embora a ele vinculado. E o modelo ideal (aqui quase irreal) de escritor em tempo integral, em distinção ao de trabalhador braçal (ou melhor, industrial) do jornalismo (Cristiane Costa. *Idem*, p. 33).

Mariano mostra que, ao se identificar com a cigarra que canta por cantar, o poeta corre o risco de morrer abraçado ao seu tronco, isto é, ao seu ideal de arte ao largo do mundo mercantil.

Último Canto

[...]
Lá está junto de um tronco, hirta e gelada.
As folhas vão caindo ao lado dela.

OLEGÁRIO MARIANO

A asa de rendas ainda brilha iriada,
Folha mais do que as outras, amarela.
Tem na garganta, inanimada e fria,
A última nota estrangulada
Da canção que cantou quando morria...
[...]

Alguns depoimentos colhidos por João do Rio parecem atravessar *Últimas Cigarras*. Para Olavo Bilac, dispondo de pouquíssimos leitores cujo poder de compra de livros era, para piorar, baixo, o escritor com sede de fama só teria a opção do jornalismo, tábua de salvação do poeta "que ama as cigarras e os flamboiants, o sonhador, que em tudo vê a poesia". Em troca de versos, notícias, depoimentos, reportagens e toda sorte de textos, a grande impressa entrega ao artista a comida que a formiga negou à cigarra. Bilac, no entanto, vaza certo romantismo ao aconselhar os jovens a não segui-lo como profissional bem sucedido no negócio da literatura. Para "não prostituir o [...] talento", eles deveriam ter a coragem "de morrer de fome" ("Bilac". *In*: *Momento Literário*, 1994, pp. 18-9). Já para Silva Ramos, o jornal conseguiu mudar o final trágico da fábula de Esopo e La Fontaine, colocando o literato "ao abrigo das primeiras necessidades, tornado, para sempre, impossível a reprodução do quadro lendário: o poeta morrendo de fome" ("Silva Ramos". *In*: *Momento Literário*, 1994, p. 164).

A reflexão mais consciente do irreversível rumo mercadológico da arte literária ficaria por conta do próprio João do Rio. Para ele, "a literatura é uma profissão que carece do reclamo e que tem como único crítico o afrancesado Sucesso". Publicidade, "notoriedade lucrativa", "valor no mercado" são pré-requisitos para que um autor vença, convertendo-se, por assim dizer, num *branding*. "A sua marca é boa, é vendável; e como acontece a outros produtos, os próprios críticos, forçados pela corrente, fazem-lhe o reclamo com o instinto [...] que tem toda a gente de aclamar os que a multidão aclama". A literatura como trabalho e negócio extingue de vez o romântico, o diletante, o sentimental,

> as noites passadas em claro e essa coisa abjeta que os imbecis divinizam chamada boêmia, isto é, a falta de dinheiro, o saque eventual das algibeiras alheias e a gargalhada de troça aos outros com a camisa por lavar e o estômago vazio ("Depois". *In: Momento Literário*, 1994, pp. 292-4).

A Profissão Poeta

Olegário Mariano fixou-se como protótipo de poeta pactuado com seu meio. Segundo Maria Eugênia Celso, "no auge de sua popularidade [...] não havia festa no Rio em que não comparecesse, recitando ou recitado" ("Olegário Mariano". *In*: *Jornal do Brasil*. 2-12-1958). Na figuração poética, Olegário divulga o traço amador de composição, mas na prática publicitária resolve-se pela linha de montagem quase industrial. Estudar sua presença, nesse sentido, é sondar uma etapa importante do processo de profissionalização do literato brasileiro. O poeta utiliza o embate cigarra/formiga, por um lado, como mais um substrato poético, e, por outro, para forjar sua imagem pública, ora afirmando, ora afastando a crença de que genialidade natural chamaria reconhecimento público natural.

Identificado à cigarra, a atividade do poeta personificaria uma missão "conservadora e senhorial", aquela presunção "de que o verdadeiro talento há de ser espontâneo, de nascença, como a verdadeira nobreza", que Sérgio Buarque bem notava na intelectualidade do período, mas não apenas. Já o poeta formiguinha, ao representar o trabalho regular e o estudo reiterativo, era refratado pela elite cultural, na medida em que remeteria "aos ofícios vis que degradam o homem" ("Novos Tempos". *In*: *Raízes do Brasil*, 1995, p. 164). A solução de Olegário a esse binarismo foi capitalizar o talento, controlar o dote artístico irrefreável, fazendo-os entrar em ressonância com o público da época e, a um só tempo, ganhar acabamento, apresentação e exploração de mercado. É como se a cigarra se regenerasse em suas mãos, virando uma cigarra operária.

Dispostos ao *networking* cultural, antenados aos proventos de prêmios e editais, nossos poetas ainda aprendem a se ajustar às expectativas do público. Pré-requisitos da profissionalização que Olegário assumiu, tais características, evidente, esvaziam-se quando não lastreadas pela competência poética mínima. No limite, a produção literária sempre entrega mais poetas dessa espécie que propriamente ruptores. Há olegários nas academias de letras das pequenas cidades, nas editoras medrosas. E há ainda aqueles que, às vezes se nos iludindo criadores, rearranjam lugares-comuns de modelos um dia revoltosos, mas hoje solidificados, servindo ao público, como se fosse novidade, o que se tornou habitual: Bandeira, Andrades, Cabral, Campos, dentre outros. Enfim, por trás de muita poesia divulgada ainda agora, ecoa a lição de Olegário Mariano: de que a cigarra aprenda a cobrar ingresso, mais fácil se for com repertório já conhecido.

Esta Antologia

A presente antologia traz à tona ao menos uma amostra de cada livro de versos de Olegário Mariano. A grande maioria dos poemas foi colhida de *Toda uma Vida de Poesia – Vols. I e II* (1957), em que o autor, pouco antes de desaparecer, organizou aqueles que seriam, em sua percepção, os livros que mais bem representavam sua produção de mais de meio século. Ocorre que Olegário deixou de lado algumas facetas relevantes para quem queira lhe fazer um quadro abrangente. Além de sua primeira coletânea, repudiada, a participação como letrista na canção brasileira, a veia satírico-cronista e a poesia infantojuvenil são as principais ausências que procurei sanar. Eis, portanto, os volumes, aqui representados, que não entraram na reunião do próprio autor: *Visões de Moço* (1906), *Ba-Ta-Clan* (1924), *Vida Caixa de Brinquedos* (1932) e *Tangará Conta Histórias* (1953).

REFERÊNCIAS BIBLIOGRÁFICAS:

DE OLEGÁRIO MARIANO:

(como João da Avenida). *Ba-Ta-Clan*. Rio de Janeiro: Benjamim Costallat & Miccolis Editores, 1924.

Da Cadeira nº 21. Rio de Janeiro: A Noite, 1938.

"Discurso de Posse na Academia Brasileira de Letras". *In: Discursos Acadêmicos Vol. VI (1924-1927)*. Rio de Janeiro: Civilização Brasileira, 1936.

"Olegário Mariano Entrevistado pelo *O Globo* na Casa de Saúde". *In: Revista da Academia Brasileira de Letras Vol. 95*. Rio de Janeiro: 1958. Reproduzido do *O Globo*. Rio de Janeiro: s / d.

"Poesia Concreta, a Flor da Civilização da Raiva". *In: O Globo*. Rio de Janeiro: 25-10-1957.

Tangará Conta Histórias – Poemas Infantis. São Paulo: Melhoramentos, 1953.

Toda uma Vida de Poesia (Vols. I e II). Rio de Janeiro: José Olympio, 1957.

(como João da Avenida). *Vida Caixa de Brinquedos*. Rio de Janeiro: Editora Guanabara, 1932.

Visões de Moço. Rio de Janeiro: Tipografia Carvalhaes, 1906.

24   SÉRIE ESSENCIAL

GERAL:

ALENCAR, Edigar de. "O Compositor Olegário Mariano". *In: Claridade e Sombra na Música do Povo*. Rio de Janeiro: Francisco Alves / INL, 1984.

ANDRADE, Carlos Drummond de. "Água Corrente". *In: Correio da Manhã*. Rio de Janeiro: 02-12-1958.

BANDEIRA, Manuel. "Poesia de Olegário Mariano" e "Olegário, Água Corrente". *In: Andorinha, Andorinha*. Organização de Carlos Drummond de Andrade. São Paulo: Círculo do Livro / José Olympio, 1978.

___; CARDOSO, Joaquim; FERREIRA, Ascenso; FREYRE, Gilberto; MARIANO, Olegário; MELO NETO, João Cabral; MOTA, Mauro. *Voz Poética*. Organização de Paulo Bruscky. Recife: Companhia Editora de Pernambuco / Universidade Federal de Pernambuco, 1997.

BARBOSA, Francisco de Assis. "José Mariano Visto por Olegário Mariano". *In: Retratos de Família*. 2.ª edição. Rio de Janeiro: José Olympio, 1968.

BARROS, Gustavo. "Discurso de Recepção a Olegário Mariano na Academia Brasileira de Letras". *In: Discursos Acadêmicos Vol. VI (1924-1927)*. Rio de Janeiros: Civilização Brasileira, 1936.

BARROS, Inezita. *Inezita Barroso – Ronda*. Curitiba: Revivendo, s /d.

BARRETO, Lima. "O Destino da Literatura". *In: Impressões de Leitura*. São Paulo: Editora Brasiliense, 1961.

CELSO, Maria Eugênia. "Olegário Mariano". *In: Jornal do Brasil*. 2-12-1958.

COSTA, Cristiane. *Pena de Aluguel: Escritores Jornalistas no Brasil 1904-2004*. São Paulo: Companhia das Letras, 2005.

COUTINHO, Ubirajara. *História da Música Popular Brasileira: Joubert de Carvalho, nº 19*. São Paulo: Abril Cultural, 1971.

DANTAS, Luiz. "Pequeninos Nadas, Graças Aéreas e Certas Coisas". *In: Manuel Bandeira: Verso e Reverso*, ANCONA, Telê Porto (Org.). São Paulo: T.A. Queiroz, 1987.

DANTAS, Júlio. "Embaixador Olegário Mariano". *In: Revista da Academia Brasileira de Letras vol. 87*. Rio de Janeiro: Academia Brasileira de Letras, 1954.

FREYRE, Gilberto. "O Poeta Olegário Mariano". *In: O Cruzeiro*. Rio de Janeiro: 14-06-1958.

GÓES, Fernando. "Olegário Mariano Carneiro da Cunha". *In: Panorama da Poesia Brasileira: o Pré-Modernismo*. Rio de Janeiro: Civilização Brasileira, 1960.

GRIECO, Agrippino. "Olegário Mariano". *In: Evolução da Poesia Brasileira*. Rio de Janeiro: José Olympio, 1947.

Lima, Alceu Amoroso. *Quadro Sintético da Literatura Brasileira*. Rio de Janeiro: Edições de Ouro, 1969.

Lima, Herman. "Apresentação". *In: Olegário Mariano – Poesia*. Rio de Janeiro: Livraria Agir Editora, 1968.

Lyra, Helena Cavalcanti de. "Ba-Ta-Clan". *In: A Crônica*. Organização Setor de Filologia da FCRB. Campinas / Rio de Janeiro: Editora da UNICAMP / Fundação Casa de Rui Barbosa, 1992.

Marques, Pedro. *Olegário Mariano: o Clichê Nacionalista e a Invenção das Cigarras*. Tese de Doutorado. Campinas, SP: UNICAMP-IEL, 2007. *On-line*: http://libdigi.unicamp.br/document/?code=vtls000415066

Rangel, Lúcio. "Olegário Mariano e a Música de Joubert de Carvalho". *In: Sambistas e Chorões – Aspectos e Figuras da Música Popular Brasileira*. Rio de Janeiro: Francisco Alves, 1962.

Ribeiro, João. "Olegário Mariano: I – Canto da Minha Terra; II – Destino". *In: Crítica: Parnasianismo e Simbolismo (Vol. II)*. Rio de Janeiro: Academia Brasileira de Letras, 1957.

Rio, João do. *O Momento Literário*. Organização de Rosa Gens. Rio de Janeiro: Fundação Biblioteca Nacional – Dep. Nacional do Livro, 1994.

Silva Ramos, Péricles Eugênio da. "Olegário Mariano". *In: Poesia Parnasiana – Antologia*. São Paulo: Melhoramentos, 1967.

Silveira, Joel. "Minha Lira só Tem uma Corda – Ideias e Confissões de Olegário Mariano". *In: Diretrizes*. Rio de Janeiros: 29-4-1943.

Quadro[*]

Eis o carro de bois seguindo a verde estrada
E as aves em lote vão cantarolando...
No meio da campina o gado pasta em bando
Enquanto o sabiá saúda a madrugada...

É o tempo em que no céu a estrela d'alvorada
Vai desaparecendo em nuvens se embuçando...
E o bando d'aves mil esvoaça chilreando,
E o carro vagaroso atravessa a esplanada.

O regato entre as flores corre em murmúrio...
De cada flor molhando o seio perfumado,
Desparece em recato incógnito, sombrio.

Agora o camponês montando um cavalinho,
Com seu grande chapéu de palha desabado
Em áspero rojão vai da roça caminho...

---

[*] *In*: *Visões de Moço*. Rio de Janeiro: Tipografia Carvalhaes, 1906, p. 30.

Noites de Dezembro*

Sinos cantando... Noites de Dezembro.
Dlin... Dlon... É a procissão que vai passando...
Recordar é sofrer! Quando me lembro
Antes de me lembrar, já estou chorando.

À luz dos combustores fumarentos,
Numa piedosa e mística atitude,
Levanta-se, nos seus esbatimentos,
A Igreja da Senhora da Saúde.

Lá dentro, no interior, o triste choro
Do órgão velho soltando uns sons antigos.
E na porta da entrada ouve-se o coro
Dos que pedem cantando, dos mendigos.

E o luar bate cá fora nas calçadas,
Um luar de trovadores e poetas...
As estradas estendem-se... as estradas
Na precisão das suas linhas retas.

---

* *In*: *Ângelus* – 1911. *Toda uma Vida de Poesia (Vol. I)*. Rio de Janeiro: José Olympio, 1957, pp. 26-27.

As árvores do pátio, em simetria,
Velhas, fingindo eterna mocidade,
Dão sombra a quem procura a sombra fria
E a mim que vivo longe, — dão saudade.

Dezembro. Mês de festas... A humildade
Da gente pobre que se agita em bando...
Noites da minha terra!... Que saudade!...
Dlin... Dlon... É a procissão que vai passando...

Paris*

Paris me encanta. Esse rumor constante
De sirenas, de carros e de gente,
Enche meus olhos turvos de viajante
De uma grande volúpia surpreendente.

Passa a turba, em farândola envolvente,
Num doido bruaá febricitante...
Paris! Dás-me aos sentidos, de repente,
Um gozo forte, acídulo, excitante.

E tudo freme!... Em meio à populaça
Há conflitos de amores em tumulto...
"Mimi Pinson"... Musette... E a turba passa...

E no velho Montmartre, em noite feia,
Em cada esquina obscura e em cada vulto
A sombra de Verlaine cambaleia...

---

* *In*: *Sonetos* – 1912. *Toda uma Vida de Poesia (Vol. I)*. Rio de Janeiro: José Olympio, 1957, p. 36.

A Torre do Silêncio e da Beleza*

A Torre do Silêncio e da Beleza
É a minha velha habitação. Um dia
Edifiquei-a nesse vale de tristeza,
Para ter a impressão de beber a harmonia
Do silêncio que vem da Natureza.

Do alto da Torre, nessa atitude de monge
Impassível, perscruto o horizonte profundo...
Penso que sou feliz porque estou longe
Do mundo e do que por vai por esse mundo.

Lá baixo a vida da cidade se apresenta
Como se fosse um enxame na colmeia;
E em contraste com a vida da cidade,
A minha Torre de Silêncio, alta e nevoenta,
Vive somente cheia
De paz, de sonho e de tranquilidade.

---

* In: *Evangelho da Sombra e do Silêncio* – 1912. *Toda uma Vida de Poesia (Vol. I).* Rio de Janeiro: José Olympio, 1957, pp. 64-65.

O Sol é feito de delicadeza.
Um sol de rendilhados e recamos.
A luz me delicia quando é calma.
E eu penso, nesse amor da Natureza,
Que o Sol, depois de fecundar os ramos,
Vem fecundar minha alma.

As cigarras despertam... Das estradas
Ouço, em compasso, doloridas trovas...
As cigarras são velhas namoradas
Das árvores que têm flores e folhas novas.

E o silêncio em redor se desmancha e se esfuma...
O Silêncio é a paixão dos meus ouvidos.
É com o Silêncio que as lembranças, uma a uma,
Voltam para extasiar os meus cinco sentidos.

O Silêncio é o melhor dos companheiros;
Nesta Torre de antigo e crestado torreão,
O Silêncio me empresta
Gentilezas de amigos e carícias de irmão.

É o Silêncio que nos orienta e nos persuade
E para os altos pensamentos nos convida.
O Silêncio desperta o gosto da bondade
E é por ele que canto a minha vida
Toda florida de felicidade.

A Cigarra e a Formiga*

Dona Formiga, nesta redondeza
Rústica e solitária,
É tida
Como três vezes milionária,
Possuidora de esplêndida riqueza
Que levou a juntar durante toda a vida.

Acostumou-se desde criança à luta,
Ao sol de fogo e à aventura brava.
Vivia a trabalhar heroica e resoluta
Armazenando tudo o que ganhava.

Hoje está bem, mas é geralmente malquista.
Faltam-lhe uns poucos sentimentos nobres.
É em demasia egoísta
E odeia as raparigas que são pobres.

Dona Cigarra, por exemplo, alheia
A tudo, vive como pode, à toa...
Canta os dias a fio...

---

* *In*: *Últimas Cigarras* – 1915. *Toda uma Vida de Poesia (Vol. I)*. Rio de Janeiro: José Olympio, 1957, pp. 155-157.

Tem a garganta quase sempre cheia
E quase sempre o estômago vazio...
Entretanto, coitada! é humilde e boa.

Chega a passar misérias, mas que importa?
Só quer que a sua vida não se acabe.
Anda de porta em porta...
Se não trabalha, é só porque não sabe.

Entregou-se de vez à vida airada e quando
Se lhe fala em riqueza,
Ela responde, trêfega, cantando
Que o seu grande tesouro é a Natureza.

– Ora, um dia... (chegara o inverno) a pobre
Foi ter à casa verde da vizinha
E apelou humilhada,
Para o seu grande sentimento nobre:
– "Mate-me a fome cruel que me espezinha,
Quero pão e mais nada."

Mas a irônica amiga,
Impassível, britânica, solene,
Falou assim:

– "Sou a mesma Formiga
De que falava o velho La Fontaine,
Nada esperes de mim."

– "Tu que fizeste na estação ardente
Quando me extenuava, estrada fora?"
– "Eu cantava" – responde-lhe a inocente.
"Ah! Cantavas? – Pois canta e dança agora!"

Deus que ouvira, entretanto,
Sentenciou da alta abóbada vazia:
Canta, Cigarra, canta que o teu canto
Será teu pão de cada dia.

Esta Lenda bizarra
Que o tempo não consome,
Vem aos poetas provar
Que a Cigarra
Nunca mais morreu de fome...
Morre agora é de cantar.

O Enterro da Cigarra*

As formigas levavam-na... Chovia...
Era o fim... Triste outono fumarento!...
Perto, uma fonte, em suave movimento,
Cantigas de água trêmula carpia.

Quando eu a conheci, ela trazia
Na voz um triste e doloroso acento.
Era a cigarra de maior talento,
Mais cantadeira desta freguesia.

Passa o cortejo entre árvores amigas...
Que tristeza nas folhas... Que tristeza!
Que alegria nos olhos das formigas!...

Pobre cigarra! Quando te levavam,
Enquanto te chorava a Natureza,
Tuas irmãs e tua mãe cantavam...

---

* In: *Últimas Cigarras* – 1915. *Toda uma Vida de Poesia (Vol. I)*. Rio de Janeiro: José Olympio, 1957, p. 196.

Noturno I*

O crepúsculo entrou de sala adentro... Ainda
O primeiro Noturno extasiava o teclado...
Como aos meus olhos tu ficaste linda!
Em sangue o lábio, o corpo iluminado,
Meu grande e humano lírio do Passado!

Na luz que em torno abria uma sombra velada.
Teu gesto era mais triste e era mais brando.
Vinha de ti o olor de uma rosa fanada...
E o teu olhar que está quase sempre chorando,
Pela sala espalhava uma poeira doirada...

O tempo que mais dói é o que a gente recorda
Num perfume, num som, num gesto ou num sorriso.
Vaga recordação que nos lábios acorda
Toda a volúpia cruel de um passado indeciso,
Onde houve um inferno a arder dentro de um paraíso.

---

* *In: Água Corrente* – 1918. *Toda uma Vida de Poesia (Vol. I)*. Rio de Janeiro:
José Olympio, 1957, pp. 132-133.

Toda uma história. Um quase nada. O cheiro
De um lenço, um verso que a alma nos traspassa.
Depois, o grande beijo derradeiro;
E o incêndio passa como tudo passa...
Mas fica sempre a cinza no braseiro.

Cinza. Saudade imensa que não finda.
Do que fui, do que foste, ideal sonhado!
Vejo-te cada vez mais triste e linda
E eu cada vez mais triste e desgraçado,
Mais desgraçado porque te amo ainda.

Uma Canção por um Beijo*

Olha: A noite vai alta...
Tomei da bandurra e vim
Ao teu balcão que a lua esmalta.
Falar de mim,
Dizer-te tudo o que me falta.

Pelo caminho que eu trilhava,
Capa ao vento, à feição de um poeta antigo,
As estrelas do céu, numa onda flava,
Baixavam, vinham caminhar comigo...

Uma, a mais loira, a rima esplêndida de um poema,
Desceu por sobre mim, mudo de assombro,
E – brilhante sem jaça de um diadema –
Cintilou no meu ombro...

Falou de uns braços, de umas mãos, de uma meiguice
De olhar cuja saudade me consome,
E, mais radiosa e trêmula, me disse
As quatro rimas de teu nome.

---

* *In: Castelos na Areia* – 1922. *Toda uma Vida de Poesia (Vol. I).* Rio de Janeiro: José Olympio, 1957, pp. 228-229.

E partiu leve... Inda estendi o braço
Para alcançá-la, simples ilusão!
O céu era tão perto. Era tão curto o espaço,
Que eu pude acariciar a céu com a mão!
....

Venho cheio de luz que as estrelas me deram,
Purificado pelo luar,
Dizer-te os versos que elas me disseram,
E em tuas mãos como dois lírios em desfolho,
Chorar,
As lágrimas mais puras dos meus olhos.

Trago-te joias preciosas,
Esmeraldas, pérolas, rubis,
Uma guirlanda de manjerona e de rosas,
Tudo em rimas sutis,
O nardo, a mirra, o incenso,
A essência do benjoim,
Um poema intenso,
Cheio de mim,
Da minha vida, do meu desejo...
Bandurra em punho, trocar
Uma canção por um beijo.
Um grande beijo ao luar...

Na Feira-Livre de Copacabana*

Quando o sol põe estranhos coloridos
Nas barracas da feira do bairro nobre,
Vêm chegando os meninos mal vestidos,
Os meninos errantes, de vida pobre.

Param em frente de uma tenda de brinquedos
E guardando no olhar todo aquele tesouro,
As crianças nervosas apontam com os dedos
E o sol brinca nos seus cabelos de ouro.

Como eles riem de felicidade!...
E vão depois contentes para casa,
Carregando nos olhos a saudade
Das bonecas loiras e o grande gozo de vê-las.

E os olhos lindos das bonecas, de vários matizes,
Iluminam as casas das crianças infelizes
Como um lindo bazar cheio de estrelas.

---

* In: *Cidade Maravilhosa* – 1923. *Toda uma Vida de Poesia (Vol. I)*. Rio de
Janeiro: José Olympio, 1957, p. 258.

OLEGÁRIO MARIANO

A uma Senhora Moderna*

Boa tarde! Como está Vossa Excelência?
Há quanto tempo não a vejo assim
Com esse ar irônico de irreverência,
Mostrando os dentes claros para mim.

Posso mesmo dizer que é a vez primeira
Que a vejo rir com tal desfaçatez.
E de pernas cruzadas na cadeira
E metendo na frase asneiras em francês.

Que mudança tão rápida foi essa?
E fuma? Deus do Céu, chego a perder a voz.
Quando na sua idade o delírio começa
É que vai ser irremediável e feroz.

– E danço otimamente o *schimmy* – Dança o *schimmy*?
– E o *fox-trot* também. Todas as noites vou
A um certo canto e então... como a farra é sublime!
Meu corpo é um vaso grego que se quebrou...

---

* *In: Ba-Ta-Clan*. Rio de Janeiro: Benjamim Costallat & Miccolis Editores,
1924, pp. 51-52.

E estou gostando de um formoso adolescente,
Magrinho e lânguido. Uma joia de rapaz.
Fala francês e diz tolices como gente...
Fuma ópio e faz cousas que ninguém faz.

Ensinou-me a tomar cocaína, o louquinho.
Chimera, dito à meia voz como ele diz...
Como é bom! *doucement*, devagarinho...
Poeira do sonho! Ensina a gente a ser feliz.

Põe-se assim sobre a unha e de leve, de leve,
Vai-se aspirando... Tem o esplêndido sabor
De uma gota de luz, pingo de água ou de neve,
Na boca que padece o abandono do amor,

Tão bom!... Depois, nos traz a elegante indolência
De uma dama oriental. Que lhe parece então?
– Não lhe posso dizer... Perdoe Vossa Excelência...
Posso ter o prazer de lhe beijar as mãos?

Tutu-Marambá*

"Tutu-marambá
Não venhas mais cá
Que o pai do menino
Te manda matar."

No seu berço de rendas com brocados d´oiro
Os olhinhos redondos de espanto e alegria,
Ele olha a vida como quem olha um tesoiro...
– Meu filho é o mais lindo desta freguesia!

O filho da coruja!
A boquinha em rosa, a mãozinha suja,
Com os dedinhos gordos já dá adeus,
Fala uma língua que ninguém compreende...
Toda a gente que o vê se surpreende:
Tão bonitinho! Benza-o Deus!

---

* In: *Canto da Minha Terra* – 1927. *Toda uma Vida de Poesia (Vol. I)*. Rio de Janeiro: José Olympio, 1957, p. 297.

É redondo como uma bola.
O seu polichinelo com um grande guizo,
É a única coisa que o consola...
Meu filho é o meu maior sorriso.

Que noite clara anda lá fora!
O luar entra no quarto, manso e lindo,
Com a expressão angélica de quem chora...
Roça o berço: o menino está dormindo.

Então a voz que mal se sente,
Vai cantando maquinalmente:

"Tutu-marambá
Não venhas mais cá
Que o pai do menino
Te manda matar."

OLEGÁRIO MARIANO

Ausência*

Como a saudade transfigura agora
Os aspectos da vida! Inda outro dia,
A natureza aberta ao sol, sorri,
E hoje essa mesma natureza chora.

Tão manso era esse mar que mal fremia
E o céu sem raias que ia lá por fora,
Era um cristal que em música sonora
Num mar de estrelas, desaparecia.

Tudo mudou por não te ver... Invade
A alma das cousas simples e terrenas
O contágio emoliente da saudade.

Ave de arribação do meu Nordeste,
Que levaste nas asas tantas penas,
Quantas penas de amor à alma me deste.

---

* *In: Destino* – 1931. *Toda uma Vida de Poesia (Vol. I)*. Rio de Janeiro: José
Olympio, 1957, p. 342.

De Papo pro Á*

Não quero outra vida
Pescando no rio de jereré
Tem um peixe bom
Tem siri-patola
De dá com o pé

Quando no terreiro
Faz noite de luá
E vem a saudade
Me atormentá
Eu me vingo dela
Tocando viola
De papo pro á

Se compro na feira
Feijão, rapadura
Pra que trabaiá?
Eu gosto do rancho
O homem não deve
Se amofiná

(*Versos para melodia de Joubert de Carvalho*, 1931.)

---

* *In*: COUTINHO, Ubirajara. *Nova História da Música Popular Brasileira: Joubert de Carvalho, nº 19.*São Paulo: Abril Cultural, 1977.

Magricela*

Greve de fome. Quando a moda ordena
É preciso cumprir. Moda maldita!
Vejo-te magra que me causa pena,
Porque apesar de magra inda és bonita.

Eras há pouco tempo a favorita
Da sociedade e estavas sempre em cena.
Hoje se alguém te encontra, te condena
E fala mal de ti, se não te evita.

Adeus, fama. Adeus, glória. Adeus, carícia.
És a mulher que a gente aponta: – É ela,
Um símbolo da crise alimentícia.

Mas se assim continuas, dia a dia,
Ficarás transformada, ó magricela,
Numa empadinha de confeitaria.

---

* *In*: *Vida Caixa de Brinquedos – 1932*. Rio de Janeiro: Editora Guanabara, 1932, pp. 37-40.

Arlequinada*

Terrasse *de casa elegante na Avenida Atlântica. Vêm do interior as notas longínquas de uma orquestra de ciganos. Lá dentro pares farandolam. A alegria desvaira. Noite de carnaval. Arlequim, encostado à balaustrada, diante do mar e da noite, está em êxtase, a ouvir as palavras de Pierrette.*

PIERRETTE

Seja! Um beijo. Mas só depois que me disseres
Quem foi que te ensinou a mentir...

ARLEQUIM

As mulheres.
A mentir e a fazer sofrer...

PIERRETTE

Literatura.
E dizer que anda assim uma pobre criatura
Três dias suportando o delírio amoroso
De alguém que ama por vício e que mente por gozo.

---

* *In: Teatro* – 1932. *Toda uma Vida de Poesia (Vol. II).* Rio de Janeiro: José Olympio, 1957, pp. 372-374.

Ora vejamos: tu passas noites em claro
Pensando em mim?

ARLEQUIM

E então?

PIERRETTE

Pura blague, meu caro.
Passa noites em claro, é verdade, embebido
A jogar; muita vez até com meu marido.

ARLEQUIM

Que ganha sempre, por sinal. Toda partida
Lhe pertence. Dispõe da fortuna na vida.
Feliz que pode ter tudo o quanto deseja:
A boca que não beijo é a boca que ele beija,
O olhar lânguido que amo é justamente aquele
Que não deixa de olhar constantemente o dele.
Tem sido sempre assim...

PIERRETTE

Infeliz quem te escuta.
Orfeu fascinador! Teu beijo tem cicuta.
Como sabes mentir! Arlequim-Lovelace

Das noitadas do Assírio e cancãs do Palace;
O D. Juan, Barba-Azul sem nervos e sem alma
Que traz um cheiro de mulher em cada palma
Da mão e em cada frase apura e torce e lima
A flor do madrigal na corola da rima.
Um poeta...

ARLEQUIM

Que dispõe de mil damas, em suma,
E seria feliz, sendo amado por uma.
Mas a felicidade, o amor que se presume,
Como o éter que se esvai do teu lança-perfume,
Vive um instante no ar, um instante indeciso
E morre na expressão breve do teu sorriso.
Depois... E o beijo?

PIERRETTE

O beijo? Amanhã.

ARLEQUIM

Não, agora.

[...]

OLEGÁRIO MARIANO

O Poço da Panela*

Num remanso bucólico e sombrio
Onde atenua a marcha o grande rio,
À sombra de recurvas ingazeiras,
Batem roupa, cantando, as lavadeiras.
Trago ainda nos olhos: é bem ela,
A paisagem do Poço da Panela:
A igreja, a casa-grande, as gameleiras
E ao fundo o pátio verde e as ribanceiras
Que afagavam, num lúbrico arrepio,
O corpo adolescente e alvo do rio.
Do outro lado da margem – capinzais
Da olaria e do sítio de Morais.
Morais Piloto – um português antigo,
Compadre de meu Pai, seu grande amigo,
A quem seguia como um cão de fila
Através da política intranquila.
Homens, éramos dois. Completamente
Diferentes em tudo. Eu, manso e doente,
Meu irmão insubmisso e insuportável

---

* In: O Enamorado da Vida – 1937. Toda uma Vida de Poesia (Vol. II). Rio de
Janeiro: José Olympio, 1957, pp. 388-390.

Como um potrinho de expressão saudável
Cometendo distúrbios... Meu irmão
Levava surras como um boi ladrão.
Mas vingava-se em mim. O quanto eu tinha
Era nas suas mãos como farinha.
Animais de madeira, leões, camelos,
Até a minha coleção de selos
Ela queimou um dia por vingança.
Aprendi a sofrer muito criança.
Se alguém me dava cousas de presente,
Dele era tudo, inevitavelmente.
Se havia luta entre nós dois, a sorte
Decidia por ele: era o mais forte.
E eu, sem revolta e sem melancolia,
Sendo filho de ricos, mal vivia.
Uma vez, (como dói essa lembrança!)
De um bando de guris da vizinhança,
Meu irmão, num rincão de estrebaria,
Organizou a sua "Companhia",
Fez um "Bumba-meu-Boi" surpreendente,
Distribuiu os papéis a toda gente:
O "Boi", o "Seu Coitinho", a "Ema", a "Caipora".
Entraram todos... Eu fiquei de fora.

OLEGÁRIO MARIANO

Nessa noite, meu Pai, vendo-me em pranto,

Pôs a *troupe* na rua por encanto

E reduziu a múltiplas fogueiras,

"Boi", "cavalo-marinho" e "cantadeiras".

De então recrudesceu a sua fúria.

Não havia pedido nem lamúria

De minha Mãe, que comovesse a fera.

Era o diabo. Eu nem sei mesmo o que ele era.

Certa noite pesada de tormenta,

Minha Mãe, numa voz cansada e lenta,

Lia-me a história do *Patinho Torto*.

Eu, com os dedos tremendo, ouvia absorto,

Quando assomou à porta o turbulento.

Entrou que parecia um pé-de-vento.

Parou. Sorriu. Já conhecendo a história,

Disse (tenho bem claro na memória):

Que ele era um cisne pra viver num horto

E eu não passava de um patinho torto,

Minha Mãe pôs em mim seus olhos mansos,

Tranquilos como as águas dos remansos,

E tantas vezes me beijou no rosto,

Numa expressão tão triste e tão singela,

Que eu desejei sofrer novo desgosto

Só para ter novas carícias dela.

A despeito das rixas e perigos,
Crescemos ambos como bons amigos,
Vendo o tempo apagar, rude e apressado,
Esse doce perfume do passado,
Que nos infiltra uma saudade louca.
E inda temos um beijo em nossa boca,
Um beijo de respeito e de recato
Para beijar chorando o seu retrato.
Velhos, sem ter ninguém que nos iluda,
Pensamos nela e nos seus bons destinos.
Se viva fosse, inda éramos meninos,
Que para o olhar das mães que nunca muda,
Os filhos continuam pequeninos...

OLEGÁRIO MARIANO

A Fonte de Dona Beija, em Araxá*

Foi aqui nestas águas transparentes
Que Dona Beija se banhou. Ainda
Se espalha no ar a claridade infinda
Dos seus louros cabelos envolventes.

Nua, na paz sentimental dos poentes,
Se era linda, tornava-se mais linda:
Ao vê-la, o sol dizia-lhe: "Bem-vinda!"
E os seus olhos ficavam mais ardentes.

A água que corre em lânguidos meneios,
Guarda o perfume quente na água fria
Daqueles braços e daqueles seios...

E ao vir a noite, antes que o luar desponte,
Sobe da fonte estranha melodia...
Que a voz de Dona Beija é a alma da fonte.

---

* *In*: *Quando Vem Baixando o Crepúsculo* – 1945. *Toda uma Vida de Poesia (vol. II)*. Rio de Janeiro: José Olympio, 1957, p. 499.

Galeria de Poetas*

Meus poetas aqui estão. (Vida és um bricabraque
De imagens vivas que o Passado não consome.)
Verlaine, Baudelaire, Musset, Sully Prudhomme,
Leconte, Rolinat, Heredia, Rodenbach.

E Raimundo e Vicente e Alberto e o meu Bilac,
Guerra Junqueiro, António Nobre... Cada nome
O meu relógio em seu vagaroso tique-taque
Vai deixando cair para matar-me a fome.

Sombras do meu Passado, almas do meu Presente,
Com eles caminhei, passo a passo, inocente,
Procurando reter tudo quando aprendi.

Sempre junto de mim todos se detiveram.
Se não morri pela emoção que eles me deram,
Foi pelo amor que eles me deram que vivi.

---

* *In*: *Cantiga de Encurtar Caminho* – 1949. *Toda uma Vida de Poesia (Vol. II)*.
Rio de Janeiro: José Olympio, 1957, p. 596.

OLEGÁRIO MARIANO

A Cigarra e a Formiga*

Em casa apalacetada
E de construção antiga
Vivia vida folgada
Uma tal Dona Formiga
Muito mal vista e falada.

Saía de manhã cedo
Para um terreno baldio,
Um monturo escuro e feio.
Levava o saco vazio...
Voltava com o saco cheio.

Trabalha o dia inteiro
Catando insetos na estrada.
Chegando em casa, cansada.
Punha tudo no celeiro
E ficava deslumbrada:
"Se eu reduzisse a dinheiro
Toda essa carga pesada,
Seria a mais abastada

---

* *In*: *Tangará Conta Histórias – Poemas Infantis*. Ilustrações de Noêmia Guerra. São Paulo: Melhoramentos, 1953, pp. 87-95.

Deste Rio de Janeiro".
E a usurária impenitente
Torcia as mãos de contente.

Mas de noite, às horas mortas,
Tendo medo dos ladrões,
Metia trancas nas portas,
Cadeados nos portões.
Via em tudo um mascarado,
No vento julgava ouvir
Vozes vindas do telhado...
E não podia dormir.

E apenas amanhecia,
Quando descansar queria
Para o labor começar,
De fora, saudando o dia,
Vinha-lhe a voz envolvente,
Clara, límpida, contente
Da que vive a cantar.

E a antipática formiga
Em imprecações dispara:
"Por que essa doida não para
De cantar essa cantiga?"

"Vou matá-la!" E, de repente,
Ouvindo a voz da razão,
Diz: "É melhor ser prudente.
Vamos agir suavemente.
Ela há de se conformar.
Dou comida. Ela tem fome.
E enquanto a bandida come
Não se lembra de cantar".

Perto, num barraco, em cima
Do cocuruto do morro,
Pobrezinha, a mendigar,
Dona Cigarra vivia
Sua vida de cachorro,
Mas cantava todo dia.
Que o seu destino é cantar.

A formiga, alucinada,
Em fúria desabalada,
Vai à casa da vizinha,
Sobe o morro agachadinha
E bate à porta daquela
Que cantava, tagarela.

"Bom dia, amiga e vizinha!
Eu gosto muito de a ouvir,

Mas como ando adoentada
E passo a noite acordada,
Pago o que você pedir:
Por favor não cante tanto
Para que eu possa dormir."

A cigarra olhou a intrusa
Com o desprezo mais profundo:
"O seu cofre não tem fundo,
Você compra com dinheiro
Tudo quanto desejar,
Mas permita que lhe diga:
O meu silêncio, formiga,
Nem com todo o ouro do mundo
Você consegue comprar!"

Desde esse dia, a formiga
A um ódio mortal se agarra.
Tudo faz contra a cigarra
Que ela procura extinguir.
E a cigarra continua
Cantando de rua em rua
Para que a sua inimiga
Nunca consiga dormir.

Resignação*

Cada dia que passa, cada dia
Aumenta a angústia dessa inquietação:
A vida que vivi foi tão vazia!
Tão inútil meu sonho de ascensão!

Caminhei... Caminhei... Cego sem guia,
Sem pai, sem mãe, sem filho, sem irmão,
Fui demais dando o que não podia...
Vivo hoje da ternura que me dão.

Velho e só, olho em volta e vejo apenas
Como andorinhas farfalhando as penas,
As lembranças voejando em torno a mim.

E sem vacilações e sem descrença,
Esperando a ilusão da recompensa,
Jogo um beijo ao Passado e... espero o fim.

---

* *In*: *Mundo Encantado – 1955. Toda uma Vida de Poesia (Vol. I)*. Rio de Janeiro: José Olympio, 1957, p. 657.

SÉRIE ESSENCIAL

001   Oswaldo Cruz, *Moacyr Scliar*

002   Antônio Houaiss, *Afonso Arinos, filho* | *1.ª ed., ABL, esgotado.*

003   Peregrino Júnior, *Arnaldo Niskier*

004   João do Rio, *Lêdo Ivo*

005   Gustavo Barroso, *Elvia Bezerra*

006   Rodolfo Garcia, *Maria Celeste Garcia*

007   Pedro Rabelo, *Ubiratan Machado*

008   Afonso Arinos de Melo Franco, *Afonso Arinos, filho*

009   Laurindo Rabelo, *Fábio Frohwein de Salles Moniz*

010   Artur Azevedo, *Sábato Magaldi*

011   Afonso Arinos, *Afonso Arinos, filho*

012   Cyro dos Anjos, *Sábato Magaldi*

013   Euclides da Cunha, *José Maurício Gomes de Almeida*

014   Alfredo Pujol, *Fabio de Sousa Coutinho*

015   João Cabral de Melo Neto, *Ivan Junqueira*

016   Ribeiro Couto, *Elvia Bezerra*

017   José do Patrocínio, *Cecilia Costa Junqueira*

018   Bernardo Élis, *Gilberto Mendonça Teles*

019   Teixeira de Melo, *Ubiratan Machado*

020   Humberto de Campos, *Benicio Medeiros*

021   Gonçalves Dias, *Ferreira Gullar*

022   Raimundo Correia, *Augusto Sérgio Bastos*

023   Rachel de Queiroz, *José Murilo de Carvalho*

024   Alberto de Oliveira, *Sânzio de Azevedo*

025   Álvares de Azevedo, *Marlene de Castro Correia*

026   Alberto de Faria, *Ida Vicenzia*

027   Machado de Assis, *Alfredo Bosi*

028   Álvaro Moreyra, *Mario Moreyra*

029	Austregésilo de Athayde, *Laura Sandroni*
030	Antônio José da Silva, *Paulo Roberto Pereira*
031	Afrânio Coutinho, *Eduardo Coutinho*
032	Sergio Corrêa da Costa, *Edla van Steen*
033	Josué Montello, *Cláudio Murilo Leal*
034	Mário Cochrane de Alencar, *Flávia Amparo*
035	Alcântara Machado, *Marco Santarrita*
036	Domício da Gama, *Ronaldo Costa Fernandes*
037	Gregório de Matos, *Adriano Espínola*
038	Magalhães de Azeredo, *Haron Jacob Gamal*
039	Visconde de Taunay, *Mary del Priore*
040	Graça Aranha, *Miguel Sanches Neto*
041	Luiz Edmundo, *Maria Inez Turazzi*
042	Coelho Neto, *Ubiratan Machado*
043	Lafayette Rodrigues Pereira, *Fabio de Sousa Coutinho*
044	Júlio Ribeiro, *Gilberto Araújo*
045	Castro Alves, *Alexei Bueno*
046	Vianna Moog, *Luis Augusto Fischer*
047	Augusto de Lima, *Paulo Franchetti*
048	Celso Cunha, *Cilene da Cunha Pereira*
049	Antonio Callado, *Ana Arruda Callado*
050	Goulart de Andrade, *Sânzio de Azevedo*
051	Araripe Júnior, *Luiz Roberto Cairo*
052	Matias Aires, *Rodrigo Petronio*
053	Pardal Mallet, *André Seffrin*
054	Teófilo Dias, *Wellington de Almeida Santos*
055	Félix Pacheco, *Marcos Santarrita*
056	Tomás Antônio Gonzaga, *Adelto Gonçalves*
057	Gonçalves de Magalhães, *Roberto Acízelo de Souza*
058	Luís Murat, *Flávia Amparo*

059   Olegário Mariano, *Pedro Marques*

IMPRENSA OFICIAL DO ESTADO DE SÃO PAULO

Coordenação Editorial: *Cecília Scharlach*
Assistência Editorial: *Ariadne Martins*
Assistência à Editoração: *Ana Lúcia Charnyai*
Fernanda Buccelli
Marilena Camargo Villavoy
Marli Santos de Jesus
Teresa Lucinda Ferreira de Andrade
Editoração, CTP, Impressão e Acabamento: *Imprensa Oficial do Estado de São Paulo*

Proibida a reprodução total ou parcial sem a autorização
prévia dos editores

Direitos reservados e protegidos
(lei nº 9.610, de 19.02.1998)

Foi feito o depósito legal na Biblioteca Nacional
(lei nº 10.994, de 14.12.2004)

Impresso no Brasil

Formato: *13 x 18,5 cm*
Tipologia: *Caslon*
Papel Capa: *Cartão Triplex 250 g/m²*
Miolo: *Chamois Fine Dunas 120 g/m²*
Número de páginas: *68*
Tiragem: *2000*

Rua da Mooca, 1.921 Mooca
03103 902 São Paulo SP
sac 0800 01234 01
sac@imprensaoficial.com.br
livros@imprensaoficial.com.br
www.imprensaoficial.com.br

GOVERNO DO ESTADO DE SÃO PAULO

Governador: *Geraldo Alckmin*

Secretário Chefe da Casa Civil: *Sidney Beraldo*

IMPRENSA OFICIAL DO ESTADO DE SÃO PAULO

Diretor-presidente: *Marcos Antonio Monteiro*

CONSELHO EDITORIAL

Presidente: *Carlos Roberto de Abreu Sodré*

MEMBROS

Cecília Scharlach

Eliana Sá

Isabel Maria Macedo Alexandre

Lígia Fonseca Ferreira

Samuel Titan Jr.